김옥녀 시선집

# 가슴에서 말발굽소리를 내는 꽃잎은

순수시선 682

가슴에서
말발굽소리를 내는
꽃잎은

**김옥녀** 지음

2024. 10. 20. 초판
2024. 10. 25. 발행

발행처 순수문학사
출판주간 朴永河
등록제2-1572호

서울 중구 퇴계로48길 11 협성BD 202호
TEL (02) 2277-6637~8
FAX (02) 2279-7995
E-mail ; seonsookr@hanmail.net

※문화예술복지기금을 일부 받아 제작하였습니다.

저자와의 합의하에 인지를 생략함
잘못된 책은 바꾸어 드립니다

ISBN 979-11-91153-70-5

가격 18,000원

김옥녀 시선집

# 가슴에서
# 말발굽소리를 내는
# 꽃잎은

순수

◆ 머리글

내 속엔 내가 너무 많아서
당신이 쉴 곳 없다는 말에
나는 어쩔 수 없었읍니다

무엇으로 든 대변해서라도 나는 살아야 했기에
작은 그릇이지만 화초를 심어
키우기로 했읍니다.
화초는 꽃 대궁이 올라오고
꽃봉이 생기고
조금씩 눈이 떠지고
세상이 보여 나를 찾아오는 당신이 기댈 곳
마련 한다고 생각하며
아침 저녁으로 뺨을 재고 있는 해를 중심삼아
물도 바람도 함께 어울렸고
당신이 별을 헤일 때 꼬박 밤을 세는 것도 알아요
내 살을 떼어서 분양해 주는 것도 알고요
그러다보니 어느듯 내 속의 가시는 당신이
기댈 거름이 되어 가고 있네요.
이렇게 한 것도 당신이 있어. 그랬어요.

| 목차 |

◆ 머리글 • 11

**1부**  꽃잎 • 21
 개나리 꽃 • 22
 얼굴 • 23
 해바라기 • 24
 곯아버린 OO • 25
 복숭아 • 26
 법정에 선 각설이 • 27
 호수 거기 • 28
 밥상 • 29
 풍경 • 30
 연필 • 31
 맷돌 • 32
 파랑가시 피나무 • 33
 고백 • 34
 실험실에서 • 2 • 35
 달 • 36
 하소 백련 • 37
 청운사 • 38
 봄바람 • 39
 정(釘) • 40
 파랑새 • 41
 연꽃 피니 • 42

우렁 · 43
여강에서 · 44
조각 · 45
감 · 1 · 46
감 · 2 · 47
약속은 지키기 위해서 · 48
물 한 잔을 올리고 · 49
처서 · 50
길에서 주운 구슬 · 51
봄 택배 · 52


2부  눈썹달 · 55
입술 · 56
생각하는 샘 · 1 · 57
생각하는 샘 · 2 · 58
달빛 말이 · 59
이게 무어에요 · 60
목련꽃 · 61
끼 · 62
달과 나 · 63
바람목탁 · 64
첫눈 · 65
사루비아 꽃 · 66
까치집 · 67

신성리 갈대숲 · 68
푸성귀를 퍼내는 밭에서 · 69
봄볕을 찾아 · 70
화림 계곡 농월정 · 71
풀꽃 문학관에서 · 72
사랑짜기 · 73


3부 　주왕산 가을 · 77
　　　산수유 · 78
　　　꽃이 필 때까지 · 79
　　　내 마음의 구걸 · 80
　　　섬 · 81
　　　나의 돌 · 82
　　　나는 오늘 3월 · 83
　　　산 · 84
　　　인생은 클로버 열차를 타고 · 85
　　　연둣빛 옹알이 · 86
　　　폭염 · 3 · 88


4부 　보물찾기 · 91
　　　십일월 령 · 92
　　　입덧 · 94
　　　우엉꼬지 · 96

감정에 빠진 만경강 다리 · 98
설악산을 찾아 · 100
무화과 · 102
친정집 · 103
영산의 향기 · 106
짚의 주인 · 108
씀바귀 틈새의 봄 · 110
길 · 111
단오시선 · 112
유구 수국 정원 · 114
풀의 길 · 115

5부
게발선인장 꽃 · 119
아리울 · 120
풍장소리 · 121
방금 해가 졌습니다 · 122
수수밭 · 124
남은 숯불로 · 125
지금 나 따러 가요 · 126
풀은 또다시 · 127
모닥불 · 128
보리밟기처럼 · 130
익산을 품은 사람들 · 132
만경강 그 물줄기 · 134

소녀야 · 136
물과 나 · 1 · 138
물과 나 · 2 · 140

**6부**  논둑 콩 · 1 · 143
논둑 콩 · 2 · 144
논둑 콩 · 3 · 145
논둑 콩 · 4 · 146
논둑 콩 · 5 · 147
논둑 콩 · 6 · 148
논둑 콩 · 7 · 149
논둑 콩 · 8 · 150
논둑 콩 · 9 · 151
논둑 콩 · 10 · 152
논둑 콩 · 11 · 153
논둑 콩 · 12 · 154
논둑 콩 · 13 · 155
논둑 콩 · 14 · 156
논둑 콩 · 15 · 157
논둑 콩 · 16 · 158
논둑 콩 · 18 · 159
논둑 콩 · 19 · 160
논둑 콩 · 20 · 161
논둑 콩 · 21 · 162

논둑 콩 · 22 · 164
논둑 콩 · 23 · 165
논둑 콩 · 25 · 166
논둑 콩 · 26 · 168
논둑 콩 · 27 · 169
논둑 콩 · 29 · 170
논둑 콩 · 30 · 171
논둑 콩 · 31 · 172
논둑 콩 · 32 · 173

1부

# 꽃잎

가슴에서
말발굽소리를 내고 있는 꽃잎은

달라붙는 신열로
뜰 가득
불을 지르고

행여 누가 제 몸에
손을 댈까 봐
가슴이 콩닥거리고 있다.

# 개나리 꽃

누가 써 보냈을까
가시 울타리 너머로
노랑 봉투에 담긴
봄편지

보기만 해도 가슴이 설레고
울렁거리는 기분으로 뜯어보면
봄내음 왈칵 안기는
그대이거니.

# 얼굴

웃고 우는 건
어쩔 수 없다지만

내 울음 세상이 갖다 주면
웃음은 아이들이 갖다 준다

울었다 웃었다
진종일 절뚝거리는 모습

누군가 숨어
얼굴로 가리고 있다.

# 해바라기

님 그림자 비친 곳으로
목을 늘이고
횃불을 붙였네요

향으로 타는 것보다
영그는 알맹이로
육신을 꺾어 모으는 기도

이승의 계단을 오르다가
그 염원
선 채로 눈을 감네요.

## 곯아버린 ○○

산다는 건
곯아버린게
어찌
알 뿐이겠는가

많고 많은 사람들 중에
꼭 같이하고 싶은 한 사람
가까스로 만났는데
바람에 휘청거리는 식물 사랑인지라
내 속에다 그리움만 안겨 주고

가 버리면 그 속은 곯아버리지.

## 복숭아

지난 봄

내 볼에도 복사꽃은 피어

가슴 끝에 매달렸던 첫사랑

풋과일로 떨어질새라

마음 졸였더니

여름 한철

내 가슴 깊은 곳에

홍도가 익어

행여 남이 볼까

겹겹으로 담을 둘렀네…

# 법정에 선 각설이

전국을 돌아다니며 많은 이에게
엿 먹인 죄인
나는 엿장수요

품바놀이에 빠진 당신들이
엿을 먹었었지
내가 먹인 건 아니지 않소

정치판에 놀고 싶어 퍼준 돈
엿 사 먹고서
누구 탓하는가

정치판 속에 유병언 가식 성자도 있었고
품바놀이에 세월호에 희생한 어린 천사들이 소리쳐도
못 듣는 정치-.

이렇게 생각하자
정치판 각설이가 엿 먹인 것이 아니라
각설이 놀이에 팔려서 엿 먹은게
엿 사 먹은 것이 아닌가.

## 호수 거기

언제나 차 향로 다가오는
잔잔한 호수
거기는 면경처럼 내 얼굴을 들여다보는 손거울

주머니에서 꺼내 쓰는 물건 같이
거울 속에는 산천이 담겨 있고
하늘도 내 것인 양 펼쳐져

종종 어깨동무하고
더러 평온을 훔치기까지 하는
내 마음 깊은 곳

왜, 없겠는가
붉으락 푸르락
또 붉으락

시도 때도 없이 변덕스러워
거울을 꺼내 들면
잠시 눈 녹듯 하는 바로 거기.

# 밥상

굽이굽이 흐르는 삶
바람에 몸을 비비 틀며 풀춤으로
나를 환영하는 금강유역에 왔다

이리저리 뛰는 풀벌레들 반갑다고
그리움에 걸신들었던지
벌 나비 윙윙 나를 돌고
온 들 공중 자전거 탄 잠자리들도 나 잡아 봐라, 한다

이 모두가 시집살이에서
그만 잊고 살았던 친정식구들
어린 날 잠자리채에 담긴 꿈도 날아다닌다

이게 웬 밥상이야, 시장기 든 참에
실컷 먹어 보는 추억의 찬미
동심이 베풀어 주는 초원의 한 마당

뚝섬에 덥석 주저앉아서
풀춤에 몸을 섞고 있으니
한살이 비벼댄 자국 태워주는 시 향 반긴다.

# 풍경

졸졸 풍경을 따라간 발걸음
산 중턱 암자 서까래 밑에서
물 속에 있어야할 붕어가 매달려 풍금을 친다

풍광이 한쪽으로 몰리고 있어도
내 번뇌를 씻겨주는 음률
박하사탕처럼 화하다

물 속에 있어야할 붕어가
적선을 어찌 알고
강가로 뛰어 팔딱거리더니

높은 하늘에 알리는 화프
안녕을 수신한다.

# 연필

내 심지가 연필이면
무얼 써야 하는데
무얼 써서 보내 줄가.

좋아하고
싫어하는 것들
표현해야 하는데
어떻게 표현할까
몰라서 바닥에서 뒹굴어 다닌다.

# 맷돌

시도 밤낮도 없이
몸살을 앓는다

서걱이는 마찰음,
갈구의 가슴을
쪽박으로 퍼 넣으며
세월의 앙금을 빚어 낸다

그렇듯
맷돌을 돌아 나온 아침,
여인의 수줍은 손끝은
멍든 가루의 시간들을 매만진다.

# 파랑가시 피나무

우리 집 가보로 손꼽는 파랑가시 피나무
큰 나무는 선산에 오르셨고
그 밑에 작은 뿌리 눈에 꽂혀
육각 잎 조막손으로
반짝반짝 별 춤을 춘다

봄바람 얼굴로 담장을 타고
기어오르는 저 장미꽃
부신 몸이 벌렁거리는지
발뒤꿈치 들고 섰을 때

소리도 없이 군화발로 쳐들어오는
저 푸름의 반응을 보라
집을 세우기 위해
파랑가시 피나무로
오층 석탑을 만들어 놓고

매일 오르락내리락하며
반짝이는 잎을 읽어 간다
읽으면 읽을수록
환한 지혜의 전망이 보이는 가문의 집.

# 고백

활활 타오르는 저 흰 구름을
솜으로 틀고
푸른 하늘을 비단으로 말아
내 손수 이불을 짓고

태양을 등불로 밝히여 놓고 나면
잔잔한 바다여
너는 태어난 침상

이 위에 조용히
뜨거운 여름을 뉘면
사랑아 너의 목에
가을을 걸래.

# 실험실에서 · 2

무얼 원하길래
내가 나를 팔고 있는 건가
젊음도 그 속에 든 정신마저
오직 하나 밖에 없는 양심을 팔아
삶을 마련하게 하는 건가

이러지 않아도 살기 위해
손발이 잘리고
비틀린 풍뎅이의 목이 되어
아픔으로 마당을 쓸고 있소

얼마를 갈 것인지
이 버팀목
어느만큼 지탱할 것인지

부서진 몰골
어느만큼 내밀 것인지
나는 모르오
이러지 않고는 얻을 수 없기에
오늘도 나는 하루치를 계산하오.

# 달

달이었어
어둠에 묻혀 있어도 썩지 않는 달
늘 주고 싶은 정으로 차오르고
그리움으로 비추며 나를 끌어안는 달

내가 그 분을 생각하는 건
달이었어
꿈꾸는 달도 나처럼 잘 보이려고
앞섶이 이우는 옷을 입고
창공에 둥둥 떠 있을지라도 몰라

그래도 나를 환하게 비춰주는 달
내가 그 분을 생각하는 건
세상 작은 일에도 함께하던
달이었어.

# 하소 백련

바람의 발에도 진흙을 묻히고 다닌다는
징게멩게 청운사가 거기
그 근방이에요
몇 해 전 미륵불을 모신 절인데
하소 백련 잔치에 보시하려고
낚시대를 드리우고 있는 차

마침 지나는 소나기가
연잎에 은구슬을 부어 주니
연잎은 욕심내면 화근이 온다고
쪼르르 쏟아버리고
한 방울만 굴립니다

이것을 본 백련꽃
빙긋이 웃으며
진흙밭의 보석으로 세수하니
산듯한 백련꽃 눈이 부시어
내 시름이 녹아 버립니다
백련, 이런 힘을 지었다고
한 수 보시합니다.

# 청운사

하소 백련 잔치에
웃 주지로 올려 놓은 시화전
미륵불 앞에서나
다랑가지 앞에서나
비바람 속도 끄떡없이
청운사를 지켜 주지만

보기만 해도 골이 찬 찰진 운기가 없는 게
다랑논에서 환이 웃고 있는
백련보다 더 많이 핀 시가
오시는 발길을 반기지만
전국 방방곡곡에 방을 내건 저 백련꽃

장마로 가뭄에 콩이 나듯 하여
백련꽃 대신 시가 환하게 웃고 있지만
왠지 쓸쓸하다
왠지 흙발이 끈적끈적하다.

# 봄바람

저기
강남에서 내 소식 들었나 봐

추위에 갇힌 나를 풀어준다고
방문을 두들기며 나오라고
손짓 발짓하다 깃발까지 흔들며

만상이 꿈틀대는 가운데
방석이랑 깔아 놓으며 목청 다듬는
그 새 소리 봄바람과 더불어 요동이다

만개한 꽃 속으로
나더러 단장하고 나오라며
임을 불러 내겠다고 저리 눈짓을 해대다니.

# 정(釘)

겨냥한다
그냥
숨이 막힐 듯한 가슴을.

흐름을 막고 선 바위를
끝을 달군 대장간의 정으로
겨냥한다.

때 아닌 진눈개비에 멍든
꽃망울,
그 아픔인양
아! 절로 가슴을 찧는다.

바스러지게 껴안는
그리움으로
거센 바위 이맛박 마구
두들겨 댄다.

# 파랑새

내 삶의 지금은 이미 와서
아침 햇살을 퍼올려 보았으므로

삶의 아직은
시온의 영광이 드리울 놀 마당 세팅해 놓았으므로
놀이 방식이 다른 저 엉뚱한 새
기왕 디딘 발 눈을 뜨고 보자고 깃털 세웠다

그리고 받은 날
귀를 열어놓고 듯 자던 이 광야의 씨앗 노래
심산 골짜기 넘나들며 캐어
몇 줄의 시에 곁들여 날려 보낸 파랑새 아니던가

조석으로 피는 나팔꽃 사연을 물어 나르는
저 파랑새에게 어쩌다 나를 빼앗기고
찬바람 휘도는 빈 구름집
하늘은 살포이 들여다본다.

## 연꽃 피니

이 마을 고추잠자리가 비행하는 칠팔월은
연꽃이 그네가 되어 나를 띄우네

연꽃에 머무는 바람
무거운 덕진 연못도 불끈 들어
그네에 태워 밀고
공중 자전거를 탄 고추잠자리는 술래가 되고

동박 치마를 입은 계절은
매끈한 장다리를 내 놓고 술래를 시작한다
나 잡아봐라.
잡을까, 말까
나는 저물녘까지 해찰에 팔려서
오직 안기고 싶은 연꽃 밥그릇

그네에서 내리지 못하는 저녁 바람
연꽃을 끌어안고 뺨을 부비고 빨고 요절이다.

# 우렁

가는 길은
고깔만 쓰고
등허리엔 빈 항아리
하늘을 담고 강물을 가네
헹궈 거두었던 정절
어머니 입맞춤 대신
싸리비만 부지런히 떨면

속살까지 다 떼어 주어도
바닥나지 않는 꽃
담아 내고 다독여 주는 가슴
마냥 조이기만 하는데
빈 그릇 하나
하늘만 그득 담고
강물로 흘러드네.

# 여강에서

소나무 곁에 드러누은 강은
하늘과 소나무를 함께 담고 면경을 본다
앉고 일어섬이 조촐하고 얄팍해 보여도
세계를 안고 꿈을 향하게 된다

거두는 세상 속을 더듬으며
채마밭의 푸성귀를 손질하는 나도
무슨 일인가
강 속에 있는 내 생각이 별것이 아니라니

나이 들어도 얼굴색 하나 변하지 않는
소나무가 부러워
깊은 눈만 껌벅인다
여강을 내려다보며.

# 조각

깎고 다듬는
나를 놓지 않는 일이라네.

제 몸에다 칼을 들여대며
썩은 부분을 도리고
흠을 지워
내 모습을 세우는 일
어느 뉘 대신 하리요.

비로소
삶으로 앉는 길
아픔으로
깎고 다듬어도
대문밖은 온통
나를 조롱하오.

# 감 · 1

감이
고개를 돌려 걸어나온다.
팔십이 넘었는데도
철이 없다는 표정
애들의 표정에서 읽어서였다

머리 아픈 시 놓지 않고 있다고
원망하는 눈길 받으며
단어 찾기 위해 사전을 들추고 있는
어미에게 감잎을 떨어트린다.

하루를 시작하는 동창으로 아침햇살이 들어오면
환한 그 방으로 가서 해를 품었었다
그 환함 아직 여기 있는데
어떻게 놓으란 말인가

# 감 · 2

거저 소나기만 만나도 우수수 떨어지고
꽃이 지천이라 밤새 비비다가
날 다 밝히고 닭이 울었지

요행히 잡고 당기며 기를 쓰던 연민은
쨍한 날 그 햇살 퍼담아 끼얹으며 문지르다가
반들반들한 얼굴이 붉어질 녘까지

땡감인데도 눈독을 들이게
연민이 눈웃음까지 치는 걸 보면
상당한 지식을 부모로부터 배양 받았지

요조숙녀처럼 함부로 먹히진 않으려고
물면 입안을 질식시켜 버리는
떫음으로 무장을 했지

세상 얕보고 덤비지 말아라
허공에다 방 들인 것은
저절로 익어버린 사랑이다.

# 약속은 지키기 위해서

오월 뜰에 피는 라일락 나무
어찌 피지 못하는가 보았더니
옆집 그늘로 가려서
아팠음이 보인다

보다못한 이 세상 시인은
옆집 그늘을 저만큼 밀어보지만
밀리지 않은 그늘로 피해입은 그는
그냥 하늘 한 자락을 붙잡고
놓지 않은 늦게라도 핀다는 볼록한 가슴
화창한 날은 침묵으로 눈을 감고
기다였던 보람 햇빛 이마만 짚고도
동짓달에 피는 라일락 향
고귀함을 보고
이세상은 시인이 있어 좋았다.

## 물 한 잔을 올리고

강대상에 물 한 잔을 올리며
십자가를 바라봅니다.

저기 내 죄를 담당하신 그분이
못박혀 고통을 당하셨을 그 당시
나는 그곳에 없었지만
믿음은 지금 은총을 입고
귀와 눈은 그분의 음성 들려서
그 당시 그분께서 얼마나 목이 타고 계심 보입니다.

그때 드리지 못한 물 한 잔 올리며
은혜 가운데 내 모든 정성 물 컵에 담긴다.

# 처서

울창한 뜰이 수런거리고 있어
이상하리만큼 조용한 일인 듯
아침저녁으로 찬 공기가 돌아

나는 읽고 있는 책장 한 장 넘겼을 뿐인데
당신 무슨 일을 음모를 하고 있나
푹푹 찌든 폭염이 뽀송뽀송 해지네

사역을 충실히 이행하는 청양고추같이
나를 시집살이 시키려고
얼굴이 매워지고 붉어지고 있네

아무것도 아닌 것이
골목을 지나는 바람에 긴 소매를 내리게 해.

# 길에서 주운 구슬

길을 가고 있었는데
번쩍이는 게 있었네
풀밭에 촉촉히 내리는 이슬 같은
구슬을 집어들고
치맛자락으로 닦으며
쏟아지는 그 빛에
그만 나를 주어버렸네

절로 문을 열고 들어서는 생기
메마른 구근(球根)에
새 잎이 돋아
살 길이 열리는 꽃봉오리
올라오고 있었는데

구슬을 어디에 내놓아도
눈독을 들이는 보물이 되어
세상을 아름답게 굴리는
깊은 혼의 뿌리에서 빨아올리는
열매를 따먹고 있었네

# 봄 택배

봄볕에 둘러앉아
곱은 손을 쬐고 있는 개나리꽃
택배를 받고 풀어봅니다

뒤이어 루즈 깊게 바른 매화가 힐긋힐긋 웃고
산수유 복사꽃 난들 빠질소냐
활짝 핀 웃음 밥주걱으로 퍼주니 벌 나비가 윙윙거린다

봄택배를 받아본 나는 알지
아직 꽃샘이 버티고 있는 응달도
단물을 핥고 있는 봄바람도
나도 너도 서로 주고받고
봄의 왈츠를 준비한 종달이

아지랑이 아리아리한데
새 옷으로 갈아입으라고
봄을 풀어놓는다.

2부

# 눈썹달

내 청춘이 핑크빛일 때
치장하다 그만 놓쳐 버린 산뜻한
초사흘 달
저기 창공에 떠 있네

이제라도 갖다 붙이고 내 임 만나러 갈까
나를 기다리다 못해 세월 뒤란에서
나를 배설해 버린 임은
남의 임 되어서

그을린 세월 삭혀 버린
가슴 아픈 눈썹달
거기서 웃어준다.

## 입술

앵두다
앵두 속에는 단물

단물 속에는
행복의 말이 흘러나온다

삶을 유지하는 도구는
내 입술

언어를 물고
하염없이 물고 뜯고 물고 뜯어야
절벽이 되지 않는다고.

# 생각하는 샘 · 1

그에 두레박질로
출렁거리는 샘은
마냥 조여오는 萬有引力이
그 사이에 있다는 것이 고마우이

동쪽 끝 추운 나라에도
훈훈한 바람이 불어와
요상타
참 요상타 두리번거리다
그대여 내가 그 속에 있어
춥지 않은 걸 알았네

이 먼 곳까지 다습게 하느라고
간밤도 설치고
아침이나 제대로 먹는지
걱정할 텐데
빙긋이 웃음 하는 샘
어려워도 행복한 그 발자국에
귀 기울이는 샘이네.

## 생각하는 샘 · 2

나의 줄기세포가 솟구치는 샘이 되어
두레박질로 출렁거리는 게 고마우이
날마다 내 발 소리에 귀 귀울리며
나를 기다리는 샘이 되어서 고마우이

마시지 않고는 살 수가 없는 나를 알고
빙긋이 웃음짓는 샘
뇌 속에 송과체가 들어 있어
훈훈한 감정으로 이 먼 곳까지
따습게 하느라고 출렁거리고 있다

# 달빛 말이

당신은 달빛을 사냥한다고 하셨나!

나는 사냥은 안 할래
사냥은 죽이는 것이라
질 난 후라이펜에 달빛을 말아서
둥근 쟁반 채 머리에 이고 올레

소 시절에 써두었던 一書 一語
애들 키우면서 웃음 띤 소망 바램
백발 되기까지 주체할 수 없는
수만 밤을 가슴 조이고 간절했던 가슴앓이
남 몰래 주고받았던 창문 사이의 그 대화

환장하게 잘 보이는 보름 달빛에 써서 보여 주리
이 고요 속에만 있는
나를 찾아온 확인의 전율
가만히
잘 보이는 글로 달빛 말이 할래.

# 이게 무어에요

1
그대가 주는 눈빛으로
내 마음이 움직여요

어떠한 신호 같아
용기를 내는 것이 고개를 숙입니다

누군가가 하는 말
들은 적 있지요

고소한 감정은 늙으나 젊으나
같다는 말
들은 적 있지요.

2
이 나이에도 습관 따라 책을 보고 있음을 감사해라
눈이 흐려 비비고 깜박거려도 볼 걸 보고 있다는 것
감사해라
아직도 마무리 못한 것 붙들고 있다는 것
감사해라
이게 나를 살게 하는 것 같아요

# 목련꽃

홀랑 벗고 한겨울 눈 속에 서 있기에
체력 단련 하나 보다 했던 그가
4월의 신부에게 드레스를 선물하고 있다

머리너울부터
깃, 도련, 화장, 치마 밑단까지
손수 목련꽃을 달아 만든 드레스

4월의 신부가 입고 시집가는
그 날 나도 축의금 들고 가
축하를 해 주어야지.

# 끼

귀여운 손자에게 뽀뽀를
빛나는 기쁨에 뽀뽀를
높은 창공 너른 땅 어디든지
세상은 왜 이리 아름다운지
꽃잎마다 뽀뽀를

살아 있고
좋아하고
가슴에 불이 있다는 건데
이만큼 세월이 흘렀으면 잦아들 법도 한데
아직도 나를 쥐락펴락하는 이 끼
어찌하면 좋으랴
패가망신해도 버릴 수 없다고
길길이 뛰니

# 달과 나

달이 창공 가득 보석을 쏟고 나면
계수나무 그늘로 숨어든 님
옛 꿈을 쏟아 내린다

수만 리 밖 떨어졌어도
님과 난 항상
그 자리에서 웃는 백합

금새 달은 내 가슴 속
골짜기를 비추며 떠올라선
다시 기우는데

겹겹이 쌓이기만 하는 사념의 은빛 가루

## 바람목탁

남해 금산 보리암에서 그만큼 공을 들였으면 됐지
어머니 왜 또 머무셔요
무엇이 못 믿어
찬바람 쌩쌩 부는 이 강가에서
바람의 손을 빌려서까지
딱 딱 딱
사해인들 못 안을소냐 하십니까!
자나깨나 바람목탁에 매달리십니까!
어머니
가슴 저미게

# 첫눈

이만 때면
꼭 오시는 님

두 손 벌리고
반기려
신발 신을 새 없어라

발이 시려도
볼 어린 눈물 맺도록
따스한 체온
하늘이 내린 은총인가

박하사탕처럼 온 천지가 화하여
탄일종이 울리는 거리를 걷고 싶다.

## 사루비아 꽃

심지불 켜 들고
앞뜰을 지켜온 사루비아 꽃
방긋 지어내는 내 어머니의 웃음입니다

가슴 도닥거려 보는 이 가을날 오후
따사로운 체온으로
불길 돋으면 뜰은 더욱 밝아
나도 모르게 불러 보는 어머님 소리

질화로에 불씨를 묻으며
도란거리던 그 옛 이야기
고운 웃음으로 남는 사루비아

훈훈한 가슴에
환희의 씨앗을 꼬옥 꼭 싸들고
어머니의 푸른 정원을 다듬어 갑니다.

# 까치집

풍경화인 듯
동그란 까치집을 보다가
아침 고운 햇살을 타고
노래하는 까치를
구름결로 보듬을라 치면
내 영혼은
풍만한 향 내음으로 일렁인다

계절은 바뀌어도
송진내 물씬 나는 마을을 돌아
반짝이는 풀잎의 이슬을
예대로 만져 보노라면
밤하늘의 별들
그 이름 낱낱이 불러
고요로히 도사린 내 버팀목의 둥지여.

# 신성리 갈대숲

꿈 속 같은 신성리 갈대숲
그 언저리
첫사랑 마당인 듯
젊음 묻힌 네 안이
환히 드러나 보인다

곳곳에 틀어놓은 자리를
갈대 대발로 가리고
쏴-바람 소리 갈대의 신음 소리
출렁거리는 금강유역은
밑그림 친 그리움 속으로 무색하게도  향기롭고

살면서 무성한 사연
휩쓸어 형상조차 없지만
갈대처럼 세파 헤치고 살아온 내력
해 가는 줄 모르게
유난스런 갈대 바람 소리 들릴 뿐이다.

## 푸성귀를 퍼내는 밭에서


밀림처럼 울창한 옥수수를 심어
울타리 친 나의 밭에서
푸성귀끼리 작당을 한다

배추벌레처럼 내 살을 뜯어 먹고 사는 시가
싱싱한 경제를 망가트리고 있어
출입도 못하는 푸성귀
남들처럼 한 번 살아보자고 작당을 한다

변화무쌍한 구비길 버티면서
몸이 가벼워지고 있는 옥수수
서글픈 바람 소리 듣는다

덤으로 사는 잡풀들
기회만 보이면 빈 터를 착취해도
심은대로 거두는 나의 밭
못쓰게 되면 갈아엎어
새로 씨를 들이자고 작당을 한다.

## 봄볕을 찾아


봄볕이 좋을 때도 있었습니다
사는 일이 허허로울 때
담벼락 등지고 봄볕을 따라 나서면
시리던 몸이 녹아 내리기에
그리 내 삶을 달래며 산 적이 있습니다

세상에 더없이 좋은 것으로 돈 안 내고 쓰는 봄볕
자연산을 퍼 쓰며 살게 해 주는 봄볕 은혜로
생각이 멍할 때도 바른햇살 끝으로 나앉아
봄볕에 안겨 살림을 꾸렸던 적은
내일도 모레도 거기 기대어 나는 살아갈 것입니다

은혜롭기야 어디 어머니 뿐이겠습니까
스승도, 사랑도, 헤일 수 없을만큼
내 주위엔 봄볕 같은 많은 사람이 있었습니다
그래서 나는 봄볕 만나는 것도 친숙해져
자주 그 길을  따라 나섰던 것입니다.

# 화림 계곡 농월정

화림동 계곡 바위에 걸터앉아서
그 옛날에 달에게 무슨 농을 하였기에
계곡이 폭포 울음일까

들어 본 천연의 사연
산새 구경하러 왔다 눌러앉힌 절경
그 속을 환히 들여다 보다 붙잡혔나

절경에 발이 걸린 하늘도
그만 계곡 물에 빠진 알몸도
그 사랑에 베어먹힌 숱한 사연 새겨진 농월정.

## 풀꽃 문학관에서

산수유 꽃 진 자리
여물어가는 알갱이 생각 바구니에 담으며
풀꽃문학관을 부러워했다
내 시는 왜, 이런 맛이 없을까!
가슴을 치며 사방을 둘러보며 사진을 찍고
문학관 기념을 찾고 내 속 울음을 나는 듣고

집에 와 그 밤 꿈에
낮에는 그렇게 새치미를 띠던 나시인님
나를 존경하는 독자들 속에
나를 좋아한다고
함께하자고 나를 잡아서
도망치는 내 뒤를 따라가다 막아
허겁지겁 놀란 꿈이 머릿속을 어지럽게 했다

# 사랑짜기

내 안에서 살아야 한다는
괄호 속 베틀에 앉아서
한 필의 사랑을 짜네
작지도 많지도 않은 한 필의
하늘과 땅이 닿고도 남아
그리움만은 부족한지
길이와 품을 재단하는 꿈

어찌 한 필을 다 감아드릴 수 있으랴
늘 서둘러 만들어도
하늘 끝에서 펄럭거리는 마음자락
퍼내어도 마르지 않는 강처럼
내 사랑은 그런 한 필의 무게거니.

3부

# 주왕산 가을

물때가 되니
스스로 붉은 물감이 되던 것을
그걸 퍼서 끼얹고 있는
주왕산 계곡을 따라
사랑의 폭포로 절벽사이로
발을 밀어 넣었다

악수보다 더 진한 포옹
아름다움으로 곱게 물든 감동
젊음이 아무리 좋았던들
이만큼 고운 생을 만들 수 있다더냐

바위 틈새까지 눈을 튀게 하는 전율
주왕산 위까지 끌어안고 취해 버렸구나
내가 쓰는 시 그만한 힘 지녔기에
주왕산은 내 생애 피크였으리.

# 산수유

엄동의 찬 자락 끝에서
곱은 손을 비비는 저 운무
절규로 보지 말라

혹독한 고문에도
만상萬象을 앉히고
푸근히 뜸들이고 있는 이 봄

꽃봉의 기쁨에
꽃샘인들 요동하지 않겠는가
새들이 먼저 찬미를 하는구나
건넛마을에서 들려 오는 봄 소식에

월계관 머리에 쓰고서
행차를 끄는 산수유
그 웃음은 네게도 번져서
꽃 잔을 들게 하는구나

## 꽃이 필 때까지

나비야 기다려다오
아름다움아

하늘에 가득 찼구나
기다리는 마음

너에게 빛만 닿으면
찬란하게 피고 말 꽃봉

무정하다고
소리치지 말게 해 다오

웃어도
웃음의 표정이 없을

불어도 헛 부는 흔들림아
소리를 낸들 무슨 값어치가 있으랴 .

# 내 마음의 구걸

내 마음이 구걸하고 있네
이리저리 손을 내밀고 있네
웃음을 달라고
기쁨을 달라고
공허한 마음 속에다
소일거리를 붙여주려고
갈 만한 곳을 찾아 다니고 있네

오매불망 유년에 마구 흘리던 웃음
그 웃음이라도 주워 볼까
그립던 연줄에 매달인 고향집
삭풍에 돌뱅이 치거니

추운 마음이 구걸하고 있네
따뜻한 사랑
나누는 기쁨 달라고
손 내밀고 있네.

# 섬

나를 이곳에 가둔 사랑
돌아서 가는 길이 지워졌기에
온종일 서성이다
섬이 된다

금새 나를 압사시킬 듯한 외로움
겁이 나는 파도
한스러운 거품을 품으며
당신을 향해 손을 흔들어 대건만
망망한 무심이여
그리움만 배로 뜬다 .

# 나의 돌

놓인 채 뒹굴겠다
생긴 대로 살겠다는 걸
수도 없이 만지며

말하라
네 이름이 무엇이며
내 벗이 되어 주겠느냐

언제나 내 쪽이 먼저였지
다그치는 외로움
어디서든 발길 닿는 데로

만나는 돌을 향해
내 안에서 노터리 치는 건
네 자리는 어디가 좋을지

내가 지피면
너는 뜨거워질 수 있는
가슴이 있는지

네 손에 쥐어진 불
너에게 당길 수도 있고 버릴 수도 있기에
그리 만지며 노크했었다.

# 나는 오늘 3월

일찍이 길을 나선 아침은
날씨변동이 잦아도
한번 먹은 마음 흔들지 못하지요

보세요. 잔설이 엉덩이 붙이고 앉았던 자리에
봄기운이 움틀거리는지, 연거푸 재채기를 하네요
버들강아지 꽃눈 트나 봐요
화독처럼 올라붙는 알레르기 입덧을 하는 거지요

청병풍경이 시시각각 다를지라도
두 손 벌리고 萬常(만상)을 깨우는 강둑길로
걸어오는 저 구름 너울 쓴 쑥, 냉이 독새풀
양지쪽에서부터 손을 흔들어 대며 오는지라

아직은 응달이 싫은 3월
전신이 시리고 뻑뻑하여
방금 부화한 노랑병아리처럼
봄볕이 엄마인 줄 알고 졸졸 따라다니는데
여기저기서 늦장 부린다고
어깨를 툭툭 치는 바람에
귀빠진 오늘 물에서 물고기와 함께 입질해요.

# 산

세상과 살 부비며 사는 살덩어리
소나무 잣나무 팽나무 크고 작은 나무 잘 어울려서
풍광을 피워내고 있다

먼 데서 보이는 산은
운해를 턱받이 하고 맛있는 걸 먹고 있는 큰 짐승 같다
제 품속에 사는 새나 짐승들 앞에서
바람이 산 머리채를 휘갈겨도
의연한 산

고개를 넘어가는 고승이 구시렁거려도
듣는 둥 마는 둥 하늘 한 번 보고
병아리처럼 물 한 모금 마시고
흰 구름을 읽고 산 트림을 한다

그래도 옷 재단실에서 몸치수를 잰 것 같이
한 치 틀어지지 않게 시침을 하고
박음질을 해서 나오는 말
꼭 해야했던 말 나 혼자 하는 말
멀리 보이는 산 같이 뚜렷하지 않다.

## 인생은 클로버 열차를 타고

행운의 기대에 빠져서
클로버 열차를 탔습니다

네 잎 클로버 찾는 풀숲은
배우면서 재잘거리면서
까르르 웃기도 하는 소녀가

네 잎 클로버를 찾으면
기뻐 뛰기도 하고
막연한 그리움도 있었는지

덜그렁 덜그렁 설레기도 하는
여자의 방에 꽃등을 달아
환히 밝히는 일이었습니다

꿈도 많은 열차 속엔
같이 살아가는 풀숲을 뒤지는
시인으로 어머니로 서로 끌어주는 끈 놀이

이순까지
한번도 토라진 적 없이
클로버 열차를 타고 가는 겁니다.

# 연둣빛 옹알이

봄의 젖을 실컨 빨아댄 4월 들어
볼그레한 웃음 띤 벗님 얼굴을 보고 있으면
내 눈이 번듯 새 빛이 돋아
겨울나무 껍질 같은 내가 언듯 연둣빛 옹알이를
듣게 된다

오, 그래 그랬어.
아름답다고, 세상이 예쁘다고,
"아이고,
하늘을 날으는 새도 보았다고" 참 기특하다

저가 한 생을 시작하는 첫걸음인데
사람의 최초의 모습같이
여리고 약해 보이지만

저 안에 설한풍을 맨발로 디딘 몇 날
저 안에 天文을 득도한 知惠 한 지게 지고
저 안에 양 손에 쥔 희망의 발톱도 숨겼을
한치 앞을 예지 할 수는 없는 세상에서

저가 저절로 하는 옹알이

사랑스럽고 귀엽고
나에게 기쁨을 준다

저가 하는 옹알이로
나는 살고 싶어진다

## 폭염 · 3

나를 먹으려고 여름이 솥을 걸고
푹푹 삶아댑니다.
아무리 삶아도 나는 고통스러워할 뿐
익지 않습니다

나를 못 먹은 여름은
결국 생체실험을 하고서
염치가 있는지
고개를 푹 숙이며 머리를 긁습니다.

4부

# 보물찾기

소꿉친구였던 배산은
소풍 와서 보물찾기 한 이유로
내 발을 붙들었나!
인생이란 여행에서
아직도 뒷동산을 오르내리게
내 생을 쥐락펴락하고 있다

백제왕도였던 어울마당
단오 풍악을 울려 주고
축복 받은 해맞이까지 이곳에다 차린다
하늘 아래 이만한 명소가 또 어디 있으랴

내가 찾고 싶은 발길
요람이 나를 불렀던가!
여정의 동행자로
내가 그의 손을 붙들었던가!

내게 주어진 산지에서
배산 정기 가슴 깊이 들이마시며
숨 쉬고 산 것이 고마워
백제의 깃발 흔들어 대는 사리장엄 같은 보화
나도 한번 이 뒷동산에서 찾고 싶다.

# 십일월 령

국화 향기 방방고을 양반이 된 듯
어험 하고 수염 쓰다듬고 있을 때
가을걷이는 끝나고
하늘 수의를 입은 짚둥들
텅 빈 들 찬바람 속에서 벼 그루터기를 걸치고
가족회의를 하고 있다.

형님, 제가 어디로 가기를 바라세요?
글쎄, 소먹이로 가겠지
아니 그만요, 나는 엄니 군불로 갈 거그만요
냉방에서 전기장판 하나 깔고 주무시지 않아요
효도하고 싶은 막둥이 우리 엄니 군불로라도
받은 사랑 갚고 싶어 불쑥 나온다

아니 그만, 나는 가마니가 되어
곡식 담아 곳간에
쟁여놓고
푹푹 퍼서 진지 만들어 드시게 하고 싶구만
둘째 마음이다

멋모르고 자란 짚둥들

옆구리가 시리고 나서 정신이 드는지
여름 내내 농사일 고단에 어머니 옆구리가 결린다는
소리 듣고
그때서야 안타까운 마음 퍼줄을 친다.

앞으로 동지와 대설을 준비하는 찬바람 속
부엌 아궁이가 그리워 슬쩍슬쩍 엿보는 마을로
들어서는 냄새
김장준비 짭조름한 젓갈냄새가 진동한다
느름나무 위에서는
동네소식 전하기로 짖어 쌓는
저 까치
저물어가는 햇살을 물고 놓질 않는다.

# 입덧

우화偶和가 아니야,
생명을 받은 감격의 값으로
너는 왔었다 입덧

철모른 나에게
두 번째 생명을 안겨 준 건 삶이었어
셋방에서 시작한 살림 누가 보아도 궁색이 방문에
걸려 있었어
왜? 이러고 사는지, 보호를 받아야 할 새댁
강아지처럼 묻혀 가난에 질질 끌려다녀야 했었어

주인집 안에서 끓이는 개고기 냄새로 속이
울렁거리고 매슥매슥해
먹고 싶은 개고기 이리저리 뒤져도 개고기 살만한
전은 없고
안집에서 버린 구정물 통에
둥둥 떠 있는 개고기 껍질은 눈을 휘둥그렇게
목구멍에서 당그래 질하는 이 거사에 방해가 되는
등에 업은 아이를 방에 재워 놓고
행여 누가 알까 봐 살짝 샘으로 나와 지아비를 감추고
있었어

부잣집 새댁 많은 먹거리로도 못 가라앉힌 입덧
결국은 7월 콩밭 짓거리 열무 꽁다리로 가라앉은
입덧
나는 두레박으로 퍼올린 물 기울여
건진 개고기껍질을 씻어서 입에 넣으려 하니
목이 메어 하늘로 눈을 돌려도
짭조름한 눈물은 간을 맞춰 미끈둥 고습고 달았고
지린내가 그냥 맛있었어
있으면 더 건져 먹겠더라고,

산다는 것은
구정물 통에 빠진 언어의 귀절도 건져서 삼킨 시인처럼
그 무서운 부끄러움을 하나 둘씩 하수구로 밀어 넣으며
두레박 물 한 바가지를 퍼서 끼얹고
아무렇지도 않은 척하고 생명을 키워 냈어.

# 우엉꼬지

내 아들이 좋아하는 우엉꼬지
어미가 만들어 주지 않으면 어디서 먹겠는가
아버지가 좋아하시는 특유의 밥반찬
커가면서 나도 함께 먹게 되니
애들까지 맛의 유래가 된 듯해

봄에 씨를 드리면 추석에 캐서 먹을 수 있는 우엉
땅 깊이 몸을 박은 뿌리를 삽으로 캐서
껍질을 칼로 닥닥 긁어 물에 담그면 몸에 때가
끼지않게 되지
적당한 간격 2미리 간격으로
고기도 같은 간격으로 썰고 밀가루 양념하고
꼬지에 꿰어서 건가래에 쪄내서
기름 둘린 펜에 둘러대서 먹는다

우엉을 채 썰어서 찹쌀가루에도 묻혀 쪄서 치즈 발라
펜에 지지면
절명의 한 줄의 시 맛이 되지

새 둥지를 이루어 집을 나간 애들 고달픈 삶
생판 모르는 길 찾아가느라고 힘이 들었을 짠한 생각

그런 애들 우엉꼬지 만들어 부르면
웃음 피우며 맛있게 먹는 모습만 보아도 내 마음은 뿌듯해
새끼들 웃는 얼굴을 보게 한 우엉꼬지
내 손에 검은 물이 들어도 손에 굳은살이 박혀도
나는 애들이 좋아하는 우엉꼬지를 만들어 먹이는 게
작품 발표 같다
우엉꼬지를 만들 때가 나는 제일 살맛이 난다
절명의 그 맛
사막의 생수라 할까.

# 감정에 빠진 만경강 다리

거기 어딘가에
분명 내가 살아온 삶
자전거에 실었었어

중학교 들어가 한동네 사는 한도 같은 고등학교
자전거로 다니고
나는 걸어서 다니고
아버지 보시기에 어린 여식이 윈거리 다니는 것
안쓰러워
절친인 친구 아들 자전거로 학교가 한한테 부탁한
것이었어
한은 나를 태워서 학교에 데려다 주었고
친구들은 태워다 주는 오빠가 있어 좋겠다고
부러워했지

중학은 일찍이 끝나 한은 집에 올 때
같이 오게 기다리라고 하였지만
나는 친구들과 휩쓸려 그냥 걸어서 학교를 나오지
집에 오는 길 중간쯤 만경강 다리를 걸어오는 뒤에서
누가 불러 보면 한이였지
기다리렁게 그냥 오냐,

통생이 맞은 얼굴이 딸기빛 되면서 집 앞에서 내렸지

그 뒤로 한은 대학에 들어갔고 나는 배움터가 달라
고등 꿈을 안고 커가고 있었을 그것뿐인
그게, 왜 이래!
그 일이 왜 저토록 노을처럼 내 서쪽이 붉어,

고소한 맛 길들여 보라고 인연의 끈에 걸린
숨바꼭질 같은 꿍꿍이속
달을 보면 나를 태우고 꽉 잡으라 하며 학교 가는 중
응 알았어,
대답하는 물 속은 홀랑 벗은 수영하는 달 속에서 들려

그것이 단발소녀가 가슴에 오래 간직한 고소한 꽃이
되어
어딘가에 숨기고 있는 울렁임
왜, 거기에 있어.

# 설악산을 찾아

10월이 되면 예술제가 있는 설악산
봇짐 지고 찾아간다
산이 높아 입구부터 줄지어 케이불카를 타고 밑을 보니
아찔한 저 골짜기 울산 바위 사이 사이에
청솔과 단풍 물결이 하늘 아래 친구다

병풍바위 돌아서 단풍이 눈화살을 당기면
울산바위에 떨어졌다 그 자리에서 한바퀴 돌고
골짜기로 떨어지는 낙엽이 내 분신 같다
지금 호흡으로 빠져나가는 내 살점이 곡소리를 내면
지금껏 가꾼 젊은 날이 억울해서
단풍의 감정을 내게 보내는 하소연을 밟고 건넌다

단풍은 나를 붙들고 젖은 눈물을 훔치며
잡아 주고 털어 주고 해도
짠한 마음 설악산 한 바퀴 돌 때까지
울산바위가 내민 손을 잡고
절경을 예술로 높이는 절찬에 퍼져
설악산 옆모습도 감상해 본다.

여기까지 들고 온 소원 주머니 떨어뜨리고

혹 나무에 걸린 게 아닌지
허방으로 눈빛을 보내며
850m 계단 타고  정금성까지 올라와
유장한 독경소리에 내 억겁을 씻어 내린다

# 무화과

앞뜰 여름을 부채질로 도전하는 무화과나무
자주 텃새들 둘러앉아
이야기 나누는 카페에서
나풀거리는 무화과 잎 제치고 보면
보일 것 같은 꽃 보이지 않아 서글펐다

잎만 무성한 나무는
열매를 맺어야 한다는 하늘의 말
바람으로 들어서
눈물 훔치며 소망 품으며
쏟아지는 태양빛 끌어당기고
부글부글 끓는 젊은 혈기
엄마 젖을 짜서 단방 약으로
제 몸 가지에 바르고
밤낮으로 매달고 있는 알맹이
나는 보았다

볼그스름한 알맹이 웃음도 보았다
볼수록 익어 가는 얼굴빛 단내음도 맡았다
어찌나 먹음직한지
따고 싶은 유혹에 빠져도 보았다.

# 친정집

떠밀려 산지 십 수 년
번화한 도심지에 살아도
어머니의 태반에서 자란 몸은
따듯한 손길을 찾는 기라
그립던 세상에 들어도 따스함은 흐름을 타고
고향에 와 찬 손으로 어머니 온기를 마구 잡아당깁니다

어머니가 계시면 눈치가 안 보이고
어머니가 안 계시면 눈치가 보이던 친정집
3백 평 되는 울안에 알절은 닭들이며 개 돼지 소
빙 둘린 유실수
버들가지 칭칭 늘어져  온갖 새들 노닐다 가고
농사철이면 마을을 지나는 나그네도 사랑채에 묵으며 일을 하였던
대문 앞 느릅나무에 언제나 그네가 메여 동네아이들 놀던 소리 들립니다

동창으로 낸 아버지 방에 해가 떠오르면 우리 형제들
학교길 서둘러 가고
집에 남은 가축들은 어머니 훈김을 받으며 노닐고
집 앞 냇물도 어머니의 훈김과 같이 흘러내린다

모든 이들에게 힘이 되었던 어머니는
모심는 날 일꾼을 70명 얻으면 밥과 국은 가마솥에서
2백 명의 밥을 해야
감당이 되는 대농가 안주인의 노고는 푸짐했습니다

엄마 아빠 일하는데 왜정 숟가락 들려
손자 손녀 앞세우고 밥 때만 기다렸던 늙으신 노모님들도
함께 대접해야 하는 동네 후한 인심을 만든
어머니 마음으로 모든게 용해되어
농한기를 보내는 어머니 몸이 고되어도 하시는 일
기뻐하셨습니다

혼기에 찬 자녀들 결혼도 그 속에서 떠들썩하게
치뤄졌던 집
시집가서 도심지에 살다 보니 늘 푸짐한
어머니 손길이 그리웠고
어머니처럼 부하게 살지 못한 나는
한 생애를 잘 써낸 어머니 가품이 마냥 좋아
세월에 그을린 어머니손길 더듬어보며 나는
두 손으로 얼굴을 가리고 눈물을 흘립니다

내 그리운 고향 마저 발을 딛지 못하게 한 동생의
댁으로
들깻잎 냄새나는 고향 온기도 맡지 못할 서러운
신세가 되어
부모님 산소 앞에서 뻐꾹새로 울어댑니다.

## 영산의 향기

너비바람이 일어나고 사라지는 마음 밭을
경작하며 사는 나에게
영산은 늘 식사거리가 되어주었다

마음밭은 넓었고 팍팍하여
하루하루를 만져 주고 토닥거려 주어야 했다
배고프면 영산을 찾아 푸른 허기를 뜯어 생으로 먹고
구워먹고 삶아 먹는다

길을 가다 부딪쳐 멍든 몸도 영산에 들고 가
바꿔 보는 발길은 이미 영산에 가 있었고
토라진 심성까지 영산의 품에 안겨서
종알거리고 있었다

괜찮다 괜찮다, 등을 토닥거려 주며
살살 풀어라, 살살 걸러라,
숨소리를 조절해 주며
핏기 없는 내가 푸르름이 고파서 왔음을 알고
통째로 숲을 안겨 주었다

두 손으로 숲을 잡고 요리저리 살펴가며

조금씩 베어 먹고 허기를 채웠다
새들이 둥지를 튼 큰 나무
작은 나무가 바위 사이로 양 손을 펼치고
오순도순 지내는 걸 보여 주는 영산은

친구 같이 서로 좋은 만남이 더 애착이 가고
싱그러움이 뚝뚝 떨어지는 풍경 속으로
흥이 돋는 마음밭에
온종일 봄이 가득했다.

## 짚의 주인


나도 나무였어.
먹고 배설해야 사는 만경들에서 삶에 묻긴 짚
아이를 해산하는 산모도 짚을 깔고 몸을 풀고
산후 뒤처리까지 탯불로 마무리한 땅에
재는 보너스로 주고
태어나서 제일 먼저 나를 보듬어 주던 짚였지

한 나그네가 우리 마을 전경을 둘러보면서
짚 눌 보고 이 집은 부자이고 빈곤한지 알아볼 수 있었고
그 시대 정보를 알리던 문화는 혜성처럼
큰 성을 이루어 달나라까지 발판을 대 놓고
농경 역에서부터 출발했었지

수시로 짚 눌 곳에서 짚을 들어다 아궁이에 불붙여
식솔들 밥상을 준비하신 어머니는
군불로 속살도 녹여 다복을 만드셨지
동란에 당신이 스스로 횃불이 되어 안위를 알리셨지

이런 애환이 담긴 농한기 사랑채에서는
사는 이야기 꽃피우시는 어르신들은 가마니, 꼴망태,

이엉, 짚신, 용마루
용케도 생활용품을 만들어 사용했고
우리 문화는 짚에서 꽃처럼 이렇게 피어나는데
시대가 변했다 해서 소 먹이만 되랴

타향에 산다고 밥숟가락을 놓을 수는 없지 않은가!
가을볕에 누워서 몸에 하얀 뭉게구름 그려 넣고
버섯을 키워 보라
발효된 청국장을 달나라까지 배송하여
달나라 식당에서도 토종옹기탕에서 보글보글
끓고 있는 청국장
달나라 추수가 온다는 소식 들었네.

# 씀바귀 틈새의 봄

아직은 귓볼 시린데

겉옷 속에 숨은 봄을 캐러

들로 산으로 간다

씀바귀 틈에 끼어 있는 봄을 보면

작은 마을에서도 향긋함은 있어

천지가 다 내 것인양 하다

주는 것 외에는 바라지 않는 이 봄날

나물을 캐는 건 예나 지금이나

젊음이 솟는 일, 늙지 않는 일

이 맛으로 사는 여자여

청춘도 혹 있는지 돌아보려므나.

# 길

세상 끝에서부터
부는 바람
다 쏟아부어도
피어나지 않은 마음

하늘을 보다가
땅을 보면
미어지는 신열
머리털이 빠집니다

고사리 순처럼
오갈든 발 딛지 못해
날아갈 수도
앉아 있을 수도 없는

가시방석 빙빙돌면
이미 한곳이 굳어
길조차 틀어집니다

안타까워라
나의 파랑새여
뼈마디에서 피리 소리 나는 내 사랑이여.

# 단오시선

소나무 향기 그윽한 마을에 사는 사람들은
단옷날 모여서 흥겨운 풍악 소리에
고개를 끄덕끄덕 흥으로 시를 써요

작은 마당이지만 모두가 즐기는
만국기를 줄줄이 걸어 놓고
노래자랑, 춤자랑, 행복자랑을 써요

아카시아 향기 입에 물고
여린 새싹까지 구구절절이 시를 써 내면
기가 왕성한 단옷날 모인 시객들은
노는 것도 시다 발표하지요

팔씨름, 장기, 바둑, 궁, 아슬아슬한 그네의 묘미
하늘님 수염까지 쓰다듬는
시선을 끄는 저 널뛰기 시
신나는 감탄사로 환호를 해요

이것이 우리 마을 사람들이 사는 모습여요
어찌 난들 빠질쏘냐, 들썩거리며
어깨춤을 추는 신록의 추임새

구경하겠다고 한량 걸음으로 오시는 임들 보오-

가슴 속까지 번져오는 배산 정기 담아가는
이곳에 오시면
단오시를 읽어 볼 수 있어요
우리 마을 사람들은 이렇게 풍류를 즐기며
살고 있어요.

# 유구 수국 정원

하늘 길로 천도하는 정원
파랑, 보라, 하얀, 고깔을 쓰고
순례자의 눈길을 당겨
말없는 영혼 품속으로
수국 향 짜릿하다

물장구 치고 놀았던 옛 발자취가
어린애같이 냇가 징검다리 건너
냇물을 활보하는 왕잠자리도 보고
송사리 소금쟁이가 물풀을 깔아주는 손짓도 보았다

한낮은 그늘이 제짝인지
무당집에 들여 내 사주를 꼼작거리고
정원 한 바퀴를 돌게 한 힘으로
내 눈에는 보이지 않은 세계를
보고 있다고 너무 애쓰지 말라 한다.

# 풀의 길

밟아도 일어서는 잡초라
떠밀리다
돌 부리에 채여 아찔한
돌 틈 속에 뿌리내린 빈 손

간신히 문고리를 잡고
젖무덤이 흙이라는 걸 알았네
초원으로 달리고 싶은
열망
앉으나 서나 초록빛은
가슴이 뜨거웠다.

5부

# 게발선인장 꽃


바다가 달아낸 채양 아래
방 한 칸들이 고산 게 발

털 달린 발로 빨빨거리고 다녀 쌌기에
민망스러워 구석에다 처박아 놓았는데
이것 봐라, 저를 무시하였다고
게 버품 품어대며
양 손을 허리에 딛고 들이 댄다

나 화려한 현관 궁에서 산다 그래, 어쩔래
온갖 짓 다 하고 다닌다.
그리도 피울 것이 없어 얼굴빛이 홍조가 되어
나비 풋사랑을 흉내내지를 않나
그것도 자랑이라고
곱은 손을 펴서 만세를 부르지를 않나

평생을 가지고 놀던 비눗방울
입고 있는 저고리 소매 끝으로 훔치며
새로움을 만들어 내려나
먼 바다를 현관으로 끌어들이고
머리 위의 화관을 최고의 기술이라고
오늘의 꽃을 보이고 있다

# 아리울

하늘이 열리고 땅이 있어라
천지 창조가 비롯된 새만금 방조제 문 들어서니
방금 태어난 저 신생아의 울음소리
바닷바람 출렁이는 곳에 솟는다

신천지에 발판을 대고
풍력으로 에너지를 만들 물막이며
어떤 힘이든 실어주고 싶은 생각들로
어기영차 땅이란 땅 다 다진다

아직 먹이가 맞지 않아 푸른똥을 싸는 아이에겐
어미 젖을 물려주고
부지런 떠는 장비들 물방귀 핑핑 뀌는 토사들엔
하나 되기 위한 뭉치는 소리 있어

모형도 속의 알이 되어 있는 미래의 꿈
세계를 그곳으로 끌어오자며
눈을 맞추는 저 어미들
안방에서도 웃음꽃 핀다.

## 풍장소리

마을에서 들리는 풍장소리에 고개를
끄떡끄떡하는 향수에 젖어 본 일이 있는가.
박자가 착착 맞아서 흥으로 몸을 맞추는 감성을
표출하는
그 모양새에 빠져서 허우적거리는 걸 보면
그냥 웃어 버리고 마는 행복한 사람
곁에서 그 사람을 보고 같이 취해 동조하는 사람은
더 행복한 사람이었지
풍장소리는 사람을 이렇게 만드는
우리만 가지고 있는 흥이다

흥을 밖으로 표현하는 방법이 누구나 다르지만
글로든 그림으로든 노래로든 춤으로든
표현방식이 五感도에 속하지만
예쁜 버들가지 바람에 살랑살랑 춤을 추는 그 날만은
누구나 시인이 되는 단오날이었기에
어디선가 들리는 풍장소리가 더 감미롭다
자연이 쓰는 그 시에 감탄사를 붙이고 싶다

# 방금 해가 졌습니다

오다가다 만난 가을 날
저녁 놀은
그대와의 상봉을
서럽게 하는 빛깔만은 아니었어요

엄청난 밝기의
별이 될 아이들에게
굳이 건네 줄
사과를 익게 하기 위함이었습니다

선생님
창문은 제가 열었어요
잡으신 붓 잠깐 놓으시고
서쪽하늘 진록색 잎새 사이로
바알갛게 타오르는 붉은 빛을 좀 보시와요

새들도 다 돌아가고
방금 마굿간으로 돌아온 망아지도
곧은 창살 사이로
익은 얼굴을 디밀고 있습니다

이젠 검은 포장을 쳐들고 있는 하늘은
하나 둘씩 별을 뱉어내면서
새 하얀 웃음을 보태고 있습니다

남은 숯불로
아직은 불기 살아 있는  내 남은 날
비록 때깃에 절어 있을지라도  남은 여분은
반기는 얼굴  환한 웃음 주는 것으로 했으면
한 날 한 날을 오리면서 부드럽게 하나 되지 못했던 일
용서할 수도 그렇지 않을 수도 있는  남은 숯불에
올려놓아 합의 보았으면
무한의 세월  그 숱한 미쁨과 고통
내 남은 날을 위해 있었다고
저녁 해로 날릴 수밖에 없었던  지난날의 아픔
어수선한 속을 벗어나  용케도 살아남은 이 불기
이 환함
상처난 자욱들이나 싸매 주었으면 해요.

# 수수밭

가을 햇살이 몸살처럼
부지런이 두레박질을 한다

부신 빛살의 바다에
몸을 뉘고
턱밑까지 차오르는 풍만을
일으켜 세운다

더는 길어 올릴 수 없는 하늘녘
가을을 꽂는 수숫대의 지표
비집고 다가드는 만큼씩
휘어진 등뼈

풀어져 날이는
치맛끈을 당기면서 도
굽은 허리를 빳빳이 다시 편다 .


김옥녀 시인의 첫 시집 수수밭 속에 나타나 있는 시 정신 세계는 대략 다음과 같이 요약할 수가 있다 시적 모멘트가 우연하지 않고 필연적인 인과를 중요시하는 시점이 투철하고 특히 삶의 고달픔을 자의 자력 으로 안정시키는 시적 상상력이 풍부하며 삶의 시 삶을 위한 시로 서 의 의미성이 넓다 또한 실제에 대한 존재적 의미를 추구함에 있어서 능동적인 노력과 희생정신을 바탕으로한 휴머니티가 심층을 이루어 진실한  삶의 이 철저하고 분명하여 넓은 아량을 주제로 삼는 등의 특징을 들 수 있다 .

# 남은 숯불로

아직은 불기 살아 있는
내 남은 날
비록 때깃에 절어 있을지라도
남은 여분은 반기는 얼굴
환한 웃음 주는 것으로 했으면

한 날 한 날을 오리면서
부드럽게 하나 되지 못했던 일
용서할 수도 그렇지 않을 수도 있는
남은 숯불에 올려놓아
합해 보았으면

무한의 세월
그 숱한 미쁨과 고통
내 남은 날을 위해 있었다고
저녁 해로 날일 수밖에 없었던
지난 날의 아픔

어수선한 속을 벗어나
용케도 살아남은 이 불기
이 환함
상처난 자욱들이나 싸매 주었으면.

## 지금 나 따러 가요

보시는 바와 같이
바람조차도 사명으로 굴려
겉피에 실핏줄 돋더니만
윤기 번지르한 알맹이
꿈꾸며 손짓하며
탐스러운 젊음은
그렇게 코가 꿰었지
솔찬히 엉겨 붙어
망대에 담긴 세상 재미
싱싱한 별과 달도 따서
그 자리에서 깨물어 먹는 맛보다
황혼빛에 물들었오
산다는 것은 조석을 개 눈 감추듯 먹고
초롱초롱한 밤 하늘  별들 헤어 보기도 하고
젖은 날 날씨도 챙기는 건
아직 딸 것이 남아
마져 딸 것을 생각하다
서둘러 그걸 지금 따러 가요 .

# 풀은 또다시

살아 있는 말씀처럼
절묘한 운동력이 있기에
온 땅에 녹음을 친다

젊음의 객기처럼 무섭게 차오르는 열기
저 끝까지 스스로 물꼬를 트고
생명의 보금자리가 되어
쉽게 분만하고 쉽게 뜯기고 쉽게 썩어
당찬 호흡의 여름은 헉헉거린다

어떤 사랑도 따를 수 없는 내 어머니
날이 흐리고 바람 불면
몸을 비비고 그만 울어댔지
힘 앞에서는 무기력해지는 수족이었지
매달려도 쓰러지고 마는 바람이었지

바람이 끄는 대로
쉽게 만나고 또 쉽게 친해지는
쉽게 피는 젊음으로 그렇게 살아야 했던 정신은
이 끝에서 그 끝까지 푸르기만 하다.

# 모닥불

앞이 캄캄한데
새해 오는 길목을 지키는 눈망울들
마음 마음에 불붙여 모닥불을 피운다

춥고 설레는 눈으로 어둠을 핥아내며
동동거리는 발걸음부터
먼동을 밝히는 해맞이다

왁작지껄한 행사는 끝나도
모닥불은 그 자리에 남아서
손을 비비며 한 마디씩 한다

"새해에는 잘되겠지"
둘러 있는 사람들 옷이나 얼굴에 재티가 붙어도
재티는 희망의 꽃이었다

영산에서 내려오면 보이고 영산에 올라가자면
그 자리에 있는
모닥불은 추위를 녹여서 좋고
가슴으로 옮겨 붙어서 좋았다

새해의 다짐은
누구는 부자되는 꿈으로
누구는 쉽게 오는 졸음을 쫓으며 기도로 수련으로

활 활 타는 불처럼 그렇게
억척스러워야 살아남을 수 있는
병신년(炳申年)을 향해
모닥불은 축복의 마중물을 붓고 있다.

# 보리밟기처럼

보리밟기처럼
그렇게 밟아 주어야 얻을 수 있는 나라면
지난 겨우살이 얼 부풀은 몸
봄이 되어도 보리 싹은 올라오지 않고
기회만 엿보고 있는 저 깜부기 탈 억지에 엉엉 울었다

봄바람 속에 이고지고 가는
한번 뿐인 생
눈물 뿌려 싹 띄운 보리밭에
톡톡 여문 청보리 같은 가슴
쿵쿵거리며 올라오라고

추수 때
바람의 겨와 같다고 말해 주며 다그치며
전신에 신발 자국 드러나게 눅신 밟아 주랴
다시 한 번 꼿꼿이 서게
뭉개지고 혼절하게 밟아 주워보랴.

밭이랑으로 노을이 넘어 들도록
나를 기다리는
청산도 나비도

보리피리 불어대며
실한 뿌리가 되기 위해 밟아 주랴.

# 익산을 품은 사람들

꽃이 피어 있거나
탐스러운 과일이 열려 있는 나무 밑에는
어김없이 길이 나 있습니다
사람들이 저절로 그 향기에 이끌려
모여들기 때문입니다

마찬가지
아름답고 향기 나는 도읍지 익산에서
많은 사람이 찾아오는 곳은
발길을 끌었던 이곳 배산이 아닐까요,

비록 내가 손해를 보더라도
항상 베풀 줄 아는 백제의 품이였던 마음
자신을 해하려고 하는 사람에게도
언제나 은은한 향기가 깃든
산책로를 만나 함께하고 싶습니다

온전히 몸과 마음을 적셔
그 향기를 누군가에게 전달할 수 있는
만나면 포근한 품 산을 도는 사람들이
아름다운 사회를 만들어 가지 않을까요?

사람들이 쉬어 가는 곳
늘 품어주는 도읍지가 되려고
보석처럼 빛나는 익산을 품은 사람들은
오늘도 향기 나는 나무 한 그루씩
마음 속에 심고
또 심고 살아가고 있습니다.

# 만경강 그 물줄기

수십 개의 수문을 달고
경운기의 땅 부수는 소리로
만경벌은 목적지를 향해 출발한다

동창에 빛 들면
햇살과 공기와 물을 버무려 옥토가 되는 마을
들녘 한가운데 있어도 세상과 소통하고
하늘과 바다도 갈아엎어서 종자를 드린다

어제는 저 논배미
오늘은 이 논배미
차근차근 돌려가며 잡풀을 걸러내는 농부의 손으로
갈대밭도 뒤엎어 알곡이 주렁주렁 매달리는 풍요

온갖 세상풍상을 겪어도
둘러만 보아도 뿌듯한 그 벌판
가래질하는 농부의 다랑이마다
농부의 고단은 들숨날숨으로 사라지고

무럭무럭 커 가는 아이들을 보고
굽은 어깨도 펴는 뿌듯함

얼마나 높다랗게 올렸는지
만경강 물줄기가 고갤 돌리지 않으려 한다.

## 소녀야

아침에 떠오르는 해같이
네 얼굴에서 광채가 나
눈이 부시구나

해맑게 웃고 있는 소녀야
너의 희망이 말발굽 소리를 내며
달리는 용사 같구나

삐죽이 나온 네 입술이
어미에겐 불만이라는 걸 안다
그것이 나의 희망이라는 것도 안다

이 진자리가 너의 꿈이 들어 있어
방긋방긋 웃는 네가
넓은 세상을 향해 기다려 달라고 속삭이며
순응하는 네가
큰 기대의 꽃봉오리가 아니더냐

그 꽃 필 준비가 되어
가슴이 마냥 부풀어 설레고 있는 소녀야
하늘의 별도 따낼 꿈으로 도사린 소녀야

그 자리에 더 그냥
그 자리에 더 머물러서
어미 희망으로 부풀게 해 주는 내일을 맞자꾸나.

## 물과 나 · 1

바위를 내려치는 엄청난 전쟁 속에서도
내게 평온을 찾아 주는 물은
당연한 것처럼 솟는다

내게 생기를 불어넣기 위해
철렁하게 괸다
철철 넘친다
그래서 나는 살아야 할 힘을 얻었고
나는 물에게 당연히 미소를 주었다

우리는 말하지 않아도
서로 부둥켜안고
오래 침묵하고
커다란 시간을 부수며
당연한 것처럼 살고 있다

모르는 것도 많은 나
아는 것도 많은 물
모르는 나를 가르쳐 주는 것이
당연한 것처럼
물은 가르쳐 주며

잘 살라고
깨끗하게 살라고
당연한 것처럼 알린다.

## 물과 나 · 2

조용히 밀어 주는 움직임
삶의 원천이요
생의 길이요
사랑의 기쁨이다
사랑하지 않고는 디딜 수 없는 땅
얼마만큼 사랑했느냐 보다
얼마만큼 주었느냐를
중하게 여겼던 나는
행복하고 싶었고
사랑받고 싶었다가 논둑 콩이 되어 밟혔다
잔등 부러진 나를 하늘에 접붙여
물은 진액를 쏟게 했고
등을 도닥거리며 위로한다
마음을 가라앉히라 하며
아픔을 조용히 삭히라 하며
조용히 흘러 보내라 하며
이렇게 가라앉혀 주는 것이
당연한 것처럼.

6부

# 논둑 콩 · 1

태양빛을 잡아당기다
목마름으로 내가 논둑 콩이란 걸 알았다

어딘가 아프니까 저절로 나오는 소리
대대로 이어온 남존여비 남아는 귀하고
여아는 남의 식구가 된다는 이유
여자이기에 몸이 무겁고 아팠다
논에다 벼를 심고 논두렁에는 콩을 심어서 살았던
대물림의 삶 받아들인다는 것은 힘들었다.

논두렁은 쌀농사 짓는 물자세 발동기 받치는 곳
이곳에 빈 땅이 생기면 콩을 심은 어머니 손길로
풍요를 원하였기에 콩이라도 더 먹기 위해
논에 물 주면서 밟혀 부러진 걸
어머니는 호미로 북돋아주어 꽃이 피고
파랑주머니 배가 볼록해지고 노랑주머니는 따는 빛
펼쳤어라

## 논둑 콩 · 2

이 세상 넓고 넓은 땅 가운데
하필이면 논두렁에
태어남이 죄가 되어 밟히게 되고
밟고 밟히는 일은 사람 사이에도
남아선호의 갈림길도 되고
쌀만 값이 있어 잡곡은 값이 없던 시대로
암울한 50년대 여자의 땅은
선조로부터 대물림하는 삶의 현장에서
유별나게 내 아버지의 봉건사상은
여자를 꽁꽁 쇠사슬에 묶인 채 무지개 빛 펼쳤어라

# 논둑 콩 · 3

빈 자리에 삶을 친 콩은
벼농사를 준비한 곳에서
소녀의 꿈으로 잔등이 부러졌고
욱신거리는 잔등으로 죽을 줄만 알았는데
죽지 않고 젖부리에 입을 대고
동냥질로 하늘을 품어
소담스러운 꿈
밤이면 별과 어우르고
낮에는 태양빛 품에서
상처를 싸매 주는 바람과 같이 어깨동무하고
새소리 따라 노래도 부르고
못 듣는 것 같아도 듣고
주저앉는 것 같아도 일어서서
여기 살아도 낯을 봐 아니고
잉잉거릴게 아니라며
죄인 아닌 값을 아픔으로 무지개 빛 펼쳤어라

# 논둑 콩 · 4

논둑 콩의 영혼 기도 들어 보셨는가
억죄는 법으로
여자이기에 받아야 했던 차별의 설움
멍든 여자의 한은 불가능을 가능으로
만들기 위해 발버둥거린다.

누가 만든 법이기에 그런 죄목을 붙여
빼고 보태고 가두고 학대하여
우리 안에 가두었는지
여자는 숙명이어야 하고
체념으로 살아야 하고
아픔을 참고 견뎌야 하고
남자의 그늘은 이렇듯 추위도 무지개 빛 펼쳤어라

# 논둑 콩 · 5

세상은 일어서는 자가 있는가 하면
밟혀 주저앉아 일어서지 못한 급급함도 있다
일어서려고 부단히 노력하는 힘은
불가능이 없다

밟히는 콩은 등이 부러져
뿌리에서 젖순이 돋아나서 일어서고
강한 생명력이 있는 풀뿌리
속 깊이 들어서서 세워보는 생명도 있다

여자이기에 참고 또 참아 위기도 넘기고
참아서 요긴한 때도 있어
논둑 콩은 비어 있는 땅에
콩을 심은 어머니를 원망하지도 안했다
이웃 손과 손을 잡아서 찾는 행운도 만나는
무지개 빛 펼쳤어라

# 논둑 콩 · 6

새천년을 맞이하던 논둑 콩
세계적인 경제위기의 너울에 휩쓸려
누가 누구를 지키고 있는지
누가 대통령이 되든 어떻게 하든
그들을 밥 먹이는 건 여자였다

세상이 아무리 떠들어대고 휘둘러대도
지각 있는 여자는 자기 일을 벗어나지 않았다
어머니의 불로 태울 건 태우고
정돈할 것은 다시 정돈하며
식솔들의 배고품을 챙기는 것은 어머니였다

먹으면 할 일을 찾아 경제위기도 넘기고
불가능을 정상의 얼굴로
필요적절하게 때마다 요리하는 논둑 콩
불가능은 없다 그 힘에서 얻어 무지개 빛이다.

# 논둑 콩 · 7

여자가 고귀한 건 잉태의 주머니가 있기 때문
고귀한 생명을 낳아 인간 보존을 해왔기에
여자는 위대하고 거룩하다
여자에겐 사랑주머니가 더 있는 셈이다

매일 여자에게서 퍼내는 샘물은 사랑이었다
남자는 샘물 같은 여자 사랑을 먹고 산다
그래서 남자의 앞은 밝기 마련
보화를 지닌 여자가 흔하다고
함부로 대하지 마라 무지개를 펼치고 있다.

# 논둑 콩 · 8

논둑 콩 풍경 속으로 걸어가네
방금 잠에서 깬 오늘은
신은 군데군데 놓인 풍광을 들어서
여자에게 부어 주리라
여자는 꽃이니까 여자는 밭이니까
여자는 거룩한 어머니이니까
여자는 햇덩이 사랑을 지녔으니까
어디에 있던 여자는 시중을 들었으니까
고향마을 굴뚝 연기만 보아도
훈훈한 훈김이 드는 것은
어머니를 쬐고 있기 때문이다

비록 만종이 울리지 않아도
꿈을 꾸고 있는 여자는
풍광이 여자에게로 걸어온다.

# 논둑 콩 · 9

논둑 콩은 그리 살았다
아무도 만들지 않은 익산문협 창간호
내 때가 되어 이리저리 발품 팔고
요리조리 신뢰를 공손히 받아서
거래가 되었던 문학의 발길을 놓아 준 동료들
시인의 발을 딛게 했던 문학지
내가 주관해서 만들어냈는데
여자란 이유일까
논둑 콩 여기서도 밟혀서 잔등이 부러졌구나

출판사에 넘길 때 김옥녀 주관으로 보냈는데
어찌된 일일까? 직접 안 가고
남자 지부장한데 보낸 것이 잘못이었나!
주관은 콩새가 삼켜버리고
논둑 콩 영혼은
무지개 빛만 띠웠구나.

## 논둑 콩 · 10

익산 문협 발판을 타고 줄을 서서 기다리는
한국 거장의 문인들 지부장을 타고 올라가려고
혈안이 되어 있는 모습을 보면서
아- 문인의 발판을 잘 만들었구나, 잘 했구나
창간호에 내 이름이 지부장에 가려 있어도
남자에게 밟혀 있어도
무지개 빛은 펼치고 있구나

공자 왈 눌리면 눌린 대로 살고
밟히면 밟힌 대로 사는게 논둑 콩이였다고
운명에 치부하며 바람 부는 대로 파도 치는 대로
살아가는 논둑 콩
모든 일에 남자가 실세이지만
그것을 조정하는 여자의 사랑을 먹고 사는 남자는
그 사랑이 쉽지 않다는 것 안다

# 논둑 콩 · 11

주어진 삶 어떻게 살아야 올바르게 살고
보람을 찾을 수 있을지 깜냥에 많이 생각하고
글자놀이를 택했을 것이다
값있는 인생을 생각하는 사람
일단 가는 길에 내면보다 외면이 더 중요하기에
문협 지부장에 그리 목매고 달려들고 있는 거야
내면을 갖춘 문사는 동요를 받지 만은 안했을 것이다
외모를 찾아 몰리고 있는 지부장 자리보다
내면이 중요하다는 정신을 가진 문사는 도덕성이나
예의 정도는 가지고 있을 것이다

창간호에서 34호 되기까지 문협회 일동이 찬반대로
지무장을 뽑는 게 아니고 지부장 역임한 사람만 임원
이 되어서 그들 입에 맞는 지부장 된 사람한테만 지부
장이 선출되어 가고 있었다. 이에 대해 논둑 콩은 말
할 권한이 없어졌고
그냥 보고만 있으니 30년이 넘었다
보다 못한 회원 중에서 이야기들을 한다
가람문학이 익산 문협을 장악해 버렸다고
그래서 나도 그리 생각한다고 했다

# 논둑 콩 · 12

여자를 울린 남자는
그 울음이 자기에게로 돌아간다는 것을 알아야한다
여자를 빚은 신은
다양하게 그 권한을 사용하여
누구의 짝이 되고 누구는 혼자 있게 하여
무엇을 하는지 귀 기울이고
웃음소리와 신음소리와 화난 소리를
지금 무엇을 노리고 있는지 신은 일러준다

여자가 있기에 좋은 세상
그래서 아름다운 산천초목을
여자에게 아낌없이 부어준다

# 논둑 콩 · 13

극히 어여쁜 여자란
아기 기저귀를 갈아주며 젖을 먹이는 여자
어떻게 해야 아이를
훌륭한 사람으로 만들 수 있을지
생각하고 꿈꾸며 사랑을 품은 여자에게
하늘도 감동하여 돕는다는 것
무지개가 둘렀기 때문이다

신을 감동시키는 여자는
아름다운 여자
아직도 여자가 누구인지 모르고 있다면
남자여, 눈을 크게 뜨고 여자를 보시라

## 논둑 콩 · 14

남자의 우월감은 여자를 무시하는 경우다
허다한 남자는 허다하다
참지 않으면 시끄럽고 고달프고
아픔이 무서워 그냥 없는 것처럼 그러려니 하고
무시당하는 횡포를 삭혀서
복통으로 밀어 넣은 여자는 세상에 허다하다
이런 남자는 여자가 없으면 무슨 재미로 사느냐고
여자가 자기부속물로 여기는데
이런 남자는 간이 부은 남자다

풍경 속으로 걸어가는 여자는
경치 좋은 풍경만 그리는 게 아니고
아픈 풍경도 그리고
몇 번이고 던지고 싶은 논둑 콩의 심정
아프니까 신음소리까지 그려 내면서 눈물을 삼켰다

# 논둑 콩 · 15

한 번도 여닫지 못한 하늘 문을
발 세워 열어젖히고 새 봄을 맞이하는 논둑 콩
응어리졌든 가슴열고 무지개 펼쳐보리라

바다를 어머니라고 했다
어머니는 여자라
인생 1모작 2모작 3모작도 된다고 말한다
어미는 미래를 준비하는 자녀의 재능을
어렸을 때 발견하지 못하면 직무 유기라고 한다
직무 유기를 한 어미는 나이 들어서
외롭고 고단함이 마중 나온다

# 논둑 콩 · 16

애야,
마른 옥수수대 바람에 사각거리는 소리 들거든
어미 몸 마르는 소리인줄 알아라
너를 품고 있을 때 그리도 행복했었단다
나를 보고 군침 흘리지 안한 사람 없었지
얼마나 먹음직한 옥수수였더냐
애야,
너를 떠나보낸 일상 너 있는 방향을 바라보며
시나브로 마르고 있는 몸이 바스락바스락 소리가
나는구나.

애야,
밥은 먹었느냐.
춥지는 않느냐.
너를 걱정하는 마음
마른 옥수수대 소리로 듣는다
너를 날려 보낸 나도
그 소리를 내는구나.

# 논둑 콩 · 18

삶의 길을 담고 있는 논둑 콩
가을 햇살과 바람이 시이소를 태운다
치마로 얼굴을 푹 가렸다 다시 보이는 볼에
웃음 가득히 피워 좋은 날 오리라 믿고
그때 잘못 선택한 걸 후회한다
동아일보나 각 신문에 나온 광고
독일 광부 간호원 모집에 못간 걸 한탄한다
왜? 못 가는가
봉건사상에 찌든 김생원 딸 바람나 나갔다면 동네 들썩이는 망신살로 뒤집어질 것이다 그러면 어때 눈 딱 감고 나서면 되는데 나는 그것이 두렵고 무서워 몰래 가슴만 태웠다
그때 누군가가 나를 눈짓만 해 주었어도 그것이 무엇이 망신이라고 어둡고 고리타분한 생각을 깨부시지 못해서 이 어리석음 독일 간호원으로 간 여자들, 낮에는 일하고 밤에는 공부해서 고국에 돌아와 교수 되고 박사 된 걸 나는 얼마나 부러워했는가.
진작에 눈을 뜨고 세상을 보았더라면
무지개 빛 띄웠으리.

## 논둑 콩 · 19

지난날 여자라는 이유 하나만으로도
죄 없는 죄인이 되어 죽어지냈던 논둑 콩
태양은 똑같이 빛살을 받는
2001년은 여성의 해로 지정되고 여성부 장관이
임명 된다
치명적인 여성의 대우를
반성하는 남성들이 과연 얼마나 있나
여성특위의 위원회에서는
여성의 권리 얼마만큼 찾아낼 것인지
지켜보는 여자라는 죄목이 부끄러워 더욱 어둠의
그늘을 벗겨내는 노력이 필수였다

어머니로 아내로 딸로
3단계로 나누워지는 여자는
주는 것으로 살다
주는 것으로 일생을 마감한다

이것이 여자의 본분이라고
여자의 도리요 삶이라고
남존 여비 속에서는 통해 왔다

# 논둑 콩 · 20

논둑 콩 미래를 생각한다면
노력이 없으면 살아남기 어렵다는 현실
여자의 주권을 찾아
언제나 깨어 있는 나를 주어야 했고
침묵으로 여자를 덮어버렸었고
침묵으로 아픔을 삭혔고
침묵으로 일관했던 이 자리를
묵묵히 지켜가는 논둑 콩
자연을 벗 삼아 사는 일이 무지개 빛 펼치는 일이였다

# 논둑 콩 · 21

갈증으로 아침이슬로
논둑 콩의 호흡으로
살아갈 힘은 분명 올 것이다
여자가 대접받는 날

여성이 대통령도 되고 여성부 장관이 되고
쇄무리찰떡에 검은 콩이 제일이라는 것
모르는 사람은 없을 것이다

영양소가 소고기와 같다는 검은 콩 베지밀 콩자반
쌀값보다 잡곡이 더 높다란 것
누구의 눈은 뒤집힐 것이다

우리 아버지 제삿날에 생전에 살던 집에 찾아오실 텐데
자식들이 없고 남의 식구가 있으면
무어라고 하실가
생전에 쓰시던 그 벼락같은 화 누가 맞을가!

나는 그 벼락이 무서워 논둑 콩으로 살았는데
대우받던 쌀 시대가 가문도 집도 아들이 거딜 낸 것을
보시고

누구에게 벼락을 내릴가.
제삿날 찾아오시면 동네만 떠돌다 날 새고 가실가.

# 논둑 콩 · 22

잘살아 준 풍경 속으로 걸어오는 여자
사랑만 있으면 남아선호 사상이 무슨 이유가 되겠는가
아들은 대를 잇고 여자는 남에 집으로 보내기에
더 사랑해주어야 하는 자식인지라
사랑하는 마음은 똑같다는 것
이제는 논둑 콩 후손들이 살림을 맡아서 해 나간다
묵은 도구들은 사라지고
새 도구들이 거품을 내며 빵을 굽고
수저 대신 포크와 스푼
제각기 제 목소리를 내고 있다
어떻게 하면 맛이 있고 경제적이고
비만이 없고 시간을 아끼는 생활로
변해 가는 지혜를 가지고
정보화 시대로 백세의 시대로 달린다.

# 논둑 콩 · 23

봄이 오고 있었지
겨울 잔해을 쓸어 내며 집안 분위기를 바꾸고 있었지
새봄에 단장 할 부드러운 바람
어데서 나오는 힘인지
햇볕을 밀며 끌며 퍼 올리며
부드럽게 요리를 하고 있었지
삼라만상이 그 것을 먹고 꿈틀 꿈틀
땅에서 하얀 구름 너울을 쓴 쑥을 캐며
산수유나무에서 바람이 불고
봄이 요동치고 있었지 봄은 겨울 잔해를 쓸어 내며
집안 분위기를 바꾸고 있었지

새봄에 단장 할 부드러운 바람
어데서 나오는 힘인지
햇볕을 밀며 끌며 퍼 올리며
땅에서 나무에서 바람에서도 꿈틀 꿈틀
하얀 구름 너울 쓴 쑥을 캐다가 봄을 올리고 있었지
이렇게 봄은 와서 내 손을 끌고 있었다.

## 논둑 콩 · 25

내 아이가 위험한 장난감을 가지고 논다면
엄마는 놀라서 새파랗게 질식 하였거나
아니면 죽을힘을 다해 소리칠 것이다
핵을 가지고 노는 이북
발만 동동 구르며
삼팔선을 넘어가서 뺏지도 못하고
안 돼 안 돼만 한다
이북도 우리들의 아이가 아닌가
그들은 상관하지 말라 하지만
핵 놀이를 어떻게 말릴 수 있을까
전 세계가 묘안을 찾는데
엄마도 묘안을 찾는데
어미는 항상 김이 오르는 밥상을 마련해야 하고
어미는 따끈한 사랑을 끓여 내야 한다고
방에 불을 지펴놓고
어느 때고 문만 열면
안식을 취할 수 있는 자리
어미는 준비 해 놓고
누구나 살 수 있는 세상을 만들어 주는 자는
위대한 게 아니고
필요한 사람이 되는 거라며

이북 아이들이 핵을 가지고 놀다가
배고프면 어미있는 곳으로 오지 않을까

# 논둑 콩 · 26

불안에 떨 수밖에 없는 세상
어떻게 하면 평화스럽게 잘 살 수 있을까
생각하고 연구하고 의논하며
누군가는 핵을 빼앗아야 하는데
어찌 할꼬
이북을 달래야 하는데
햇볕 정책도 퍼 주기 작정도
안 먹힌다면 어찌 할꼬
이것이 전쟁의 시발이 아닌가
내 옆집에서 핵을 가지고
무기로 공놀이 하는 내 형제가 아닌가
논둑 콩은 어미다.
무지개 빛을 펼치고 어미는 안전을 빈다

# 논둑 콩 · 27

아버지는 6.25 사변
솜리역에 폭탄 떨어질 때
평화동 하수구 구멍으로 들어가서
죽음을 면하였다고
그때 수챗구멍으로 안 들어갔으면 죽었노라고
논둑 콩은 어렸을 적에 듣고 자랐다
아버지는 그렇게 살아남아서
너희들을 키워 주었노라고 하시면서
수를 다하시고 돌아가셨다
한 세상 사는데 수를 다하고 사신 사람은 복 있는 사람
인간은 그런 식으로라도 살아 대를 잇고
할 일을 다 할 수만 있다면
그런 식으로라도 살아남아서 대를 이은 집안.

# 논둑 콩 · 29

멀쩡한 날 대로변에서
한 사나이가 아랫도리를 내리고 자기 보화를
자랑하고 있다
지나는 사람들이 보기가 거북스러운지
자기 얼굴이 부끄러워
별꼴이야 침을 뱉는다
자기 가게 앞에서 이런 일이 있어 난감한 주모는
물바가지를 끼얹는다
사나이는 그것도 부족하다고 더 까부친다
사나이는 이 세상에서 제일 좋은 것
나만 가지고 있다고 그 벼슬을 자랑하는 것을 보았다
생각해보니 논둑 콩은 그것도 못 가져서 그려.

# 논둑 콩 · 30

12살 16살 형제가 커가고 있었다
아우가 놀다가 급히 엄마를 부른다
큰 벼슬이나 한 듯
〈엄마, 나〉
아이의 의아한 표정에 〈왜 그래〉
아이는 바지를 내리며
〈나, 털났다〉 빙긋이 웃는다
〈무슨 털〉
의아한 눈길로 고추를 보이며 〈봐, 털 났지〉
신기한 듯 자랑을 한다
〈나도 형처럼 났지 않아〉
자랑을 하는 것이다
벌써 날 리가 없는데 났다고 하니
아이의 고추를 이리저리 살펴보며 웃기만 한다
털로 보였던 건 연탄재 깔린 길에서 구슬치기하다가
소피마리우면 보고
구슬치기한 새까만 손에서 묻은 새까만 고추가
제 눈에는 털로 보인 것이다
그때 그 웃음은 논둑 콩의 행복한 웃음이었다.

# 논둑 콩 · 31

전라도 땅 만경 한곳에 그림집을 짓고
건강한 생각과 맑고 깨끗한 혼을 쥐어잡고
아름다운 사랑을 통째로 주어도 하나도 아깝지 않은
금강 물에 시심을 흘러 보냅니다.

동지섣달 설한풍에 얼어붙은 마음을 녹이고 있는 논둑 콩 하늘이 무너지고 땅이 꺼지는 가슴속에 아름다운 꽃을 안고 오늘을 기다리다보니 하나님 아들 예수도 말구유에서 태어나 인류를 구원하신 신앙이 서서히 먹혀들어 생각이 깨어지고 접촉이 많아지므로 해서 신문화에 정신이 바짝 들어 꽃을 보아도 꺾지 않고 그저 바라보는 것으로 만족해야 하는 것만으로 천하를 다 얻은 것처럼 행복해 하는 인자로 살아 무지개 빛을 펼치고 있다

# 논둑 콩 · 32
- 6.25 동란

6.25 동란 때 유엔군은 전라북도 솜리 마을의 만경강
다리를 끊는 일로 나라를 지켰다
북괴군이 남한을 침입 했을 때 만경강다리를 끊는 일
어린 나는 처음 보는 B29 비행기가 하는 일을 보았다
어디서 오는지는 몰라도 비행기소리가 나면
우리 동네를 빙 돌아서 만경강다리에 떨어지는 폭탄
이 적중되어
다리가 끊어지고 나는 그 광경을 지켜보면서 자랐다

비행기 똥 싼다 똥 싸아, 오빠가 소리친다
뛰어서 담 밑에 머리박고 귀 막고 있다 웃고 나와서
놀았다

그렇게 다리는 끊어져 우리는 배를 타고 솜리 시내를
갔었고
중학교 다니는 오빠는 배로 통학했고
그 뒤로 어머니는 지름 짜는 솜리에 가서
저물도록 오시지 안 해
발을 동동거리며 기다리고 가슴 졸이고 살았다
그때 큰아버지 아들 큰오빠는 징병으로 가서
시체를 넘고 넘어

전진하는 군에 가서 북한과 싸운 전력을 세월이 흐른 뒤에
그 이야기를 써 그날들을 우리가 산 기록으로
보고 있었다.